Heidi von Wedemeyer

Ohne Ärger geht es nicht

Aggressionen als Wegweiser zu uns selbst

Heidi von Wedemeyer

Ohne Ärger geht es nicht

Aggressionen als Wegweiser zu uns selbst

Blaukreuz-Verlag Wuppertal
Blaukreuz-Verlag Bern

Heidi von Wedemeyer ist seit 1964 verheiratet und hat zwei Kinder. Sie ist seit 1975 als Therapeutin in einer Ehe-, Familien- und Lebensberatungsstelle tätig. Leiterin verschiedener Eheseminare und Kommunikationsgruppen. Sie ist durch zahlreiche Vorträge im In- und Ausland bekannt geworden.

Für meine Kinder Christian und Friederike.

Die Deutsche Bibliothek – CIP-Einheitsaufnahme

Wedemeyer, Heidi von :
Ohne Ärger geht es nicht : Aggressionen als Wegweiser zu uns selbst / Heidi von Wedemeyer. – 3. Aufl. – Wuppertal : Blaukreuz-Verl. ; Bern : Blaukreuz-Verl., 1995
ISBN 3-89175-100-1 (Wuppertal) kart.
ISBN 3-85580-328-5 (Bern)

Umschlaggestaltung: Eberhard Platte
S. 20: Zeichnung E. Boring
Fotosatz: Blaukreuz-Verlag Wuppertal
Druck und Herstellung: St. Johannis-Druckerei, Lahr

ISBN 3 89175 100 1 Blaukreuz-Verlag Wuppertal
ISBN 3 85580 328 5 Blaukreuz-Verlag Bern

Inhalt

Eine Herausforderung

Als ich vor einigen Jahren nach einem Vortrag vor Studenten einer Kunstakademie von ihnen gebeten wurde, ein Referat über den Umgang mit Aggressionen zu halten, ahnte ich, daß dies für mich eine Herausforderung sein würde. Ich nahm sie an.

Aggressionen, das war ein fremdes Feld für mich. In einer christlich geprägten Großfamilie aufgewachsen, hatte ich als mittleres Kind zwischen sieben Geschwistern bestimmte Verhaltensweisen und Überlebensstrategien eingeübt und von meinen Eltern und Großeltern christliche und preußische Erziehungsprinzipien verinnerlicht. Bescheidenheit statt sich wichtig nehmen, Gehorsam ohne Widerrede, Nächstenliebe ohne Eigennutz – das sind Werte, die zu wichtigem Wurzelwerk, zum wesentlichen Grundstock meiner Person und meines Wesens gehören.

Aber sie mußten in mir umgearbeitet, durchforstet, gefiltert werden, in mein Leben und meine Erkenntnisse heute übertragen werden. Auf diesem Weg wurde für mich das Phänomen Aggression ein hochwichtiges und brisantes Thema. Es half und hilft mir beim Ich-Werden, dabei eigene und neue Standorte zu finden und zu leben. Und das wird ein lebenslanger, spannender Prozeß bleiben, bei dem es nicht um Selbstsucht, sondern um eine gesunde Selbstkraft geht, die mich liebesfähiger machen kann.

Ich bin erstaunt, wieviel „Wahrheiten“ mir auf meinem Weg und parallel dazu im Begleiten vieler

Menschen im wörtlichen Sinne ein-sichtig und für mich begreifbar wurden. Im gründlichen Beschäftigen mit entsprechender Literatur fand ich die bestätigende Untermauerung von dem Erkannten und Erlebten. Diese Verbindung von praktisch Erlebtem und wissenschaftlich Erforschtem nehme ich dankbar als ermutigende Bestätigung für meine Arbeit als Ehe- und Lebensberaterin auf. Die folgenden Ausführungen sind also das Ergebnis eigener Erfahrungen und Beobachtungen auf der Grundlage psychotherapeutischer Studien. Ich möchte dazu ermutigen, sich mit diesem „angstumwölkten" Thema Aggression auseinanderzusetzen, weil es eventuell nicht nur neue Erkenntnisse vermittelt, sondern auch lebenserhaltende Energien freisetzen kann.

Familie Müller beim Abendbrot

Eine Familienszene: Familie Müller sitzt beim Abendbrottisch, Vater, Mutter, Sohn (16 Jahre), Tochter (14 Jahre). „Mir stinkt's allmählich", beschwert sich die Mutter, „um alles muß ich mich alleine kümmern. Keiner fühlt sich hier verantwortlich für etwas – und du schon gar nicht", zu ihrem Mann hingewandt. „Du kommst und gehst, wann du willst. Was für ein Wunder, daß du überhaupt zum Abendbrot mal da bist. Du kennst ja nur noch deine Arbeit, deine Zeitung und dein Fernsehen, und natürlich deine sogenannten Stammtischfreunde! Ich fühle mich hier wie eine Putzfrau. Ich muß funktionieren wie eine Maschine."

„Mensch, jetzt fängt die Leier schon wieder an; ich kann's nicht mehr hören", stöhnt der 16jährige Sohn. „Könnt ihr das nicht heute abend im Bett aushandeln?"

„Nein, Mama hat ganz recht. Du tauchst ja auch hier nur noch auf, wenn du Kohldampf schiebst", mischt sich jetzt die Tochter ein.

„Sei du mal ganz still", jetzt wieder der Sohn, sehr wütend. „Wann bist du gestern nach Hause gekommen, du kleine Göre? Du darfst dir hier ja alles erlauben! Als ich so alt war wie du ..."

„Jetzt reicht's aber! Mir stinkt's schon lange", schreit der Vater, der wie immer lange stumm war. Er springt auf, schmeißt dabei den Stuhl um und läuft türeknallend raus.

„Scheißfamilie. Ich zieh aus hier. Das hält man ja im Kopf nicht aus", schreit der Sohn und rennt ebenfalls aus dem Zimmer.

Die Tochter verschwindet leise, die Mutter bleibt schweigend zurück, sie weint. –

So und anders spielen sie sich täglich ab, die Szenen, hier und dort. Vielleicht nicht überall so heftig, nicht so drastisch. Keiner von den vieren in unserer Szene ist glücklich dabei. Die emotionalen Ausbrüche, die gegenseitigen Anschuldigungen füllen den Raum mit Wut und Bitterkeit. Jeder bleibt allein, unverstanden, ohne eine Lösung für sein Problem. Die Aggressionen sind greifbar: Schreien, Türeknallen, Anschuldigungen, Wegrennen, Zornestränen.

Und doch sehnt sich jeder von ihnen nach Nähe, nach Verstehen, nach Veränderung der verfahrenen Situation.

Aggressionen unerwünscht – aber ...

Wir alle kennen aggressive Ausbrüche. Es steigt ganz plötzlich in uns hoch oder es kriecht spürbar in uns hoch, „es kommt über uns". Wir sind erregt, betroffen, und dann folgt die Explosion. Der Ärger wird immer größer, es scheint kein Stop zu geben. Die Welle geht über uns hin, und wir erleben die Aggression körperlich: Wir werden rot oder bleich, wir schwitzen, haben rasendes Herzklopfen, Bluthochdruck oder das Gefühl, platzen zu müssen.

So wird Aggression als eine ungeheure, unheimliche, destruktive Macht erlebt, die einem das Steuer entreißt, die Beherrschung raubt, möglicherweise einen Scherbenhaufen zurückläßt.

Kein Wunder, daß Aggressionen mit soviel Angst und Ablehnung verbunden sind, daß sie als böse, unnötig, zerstörerisch empfunden werden.

Ist mein Ärger jetzt und in dieser Weise berechtigt? Was hilft es überhaupt, wenn ich wütend werde? Kann ich denn etwas ändern mit meiner Aggression? Sie ist doch sinnlos – sie macht eher etwas kaputt. Diese Fragen zu stellen, ist durchaus berechtigt. Wir wollen uns ihnen stellen auf den folgenden Seiten.

Schreien? Schlagen? Verdrängen?

Normalerweise denken wir, wenn wir von Aggression sprechen, an Lautstärke, Brutalität, Schlagen, Unbeherrschtheit, Schreien, an zersetzendes Reden und Handeln, an schädigendes Angriffsverhalten. Aus dieser negativen Sichtweise erwuchsen und erwachsen bei uns Menschen immer neue Versuche, den Aggressionstrieb unter die Füße zu kriegen, „in den Griff zu bekommen“, ihn abzulehnen, zu verurteilen. So z. B. sagte mir neulich ein Mann im Gespräch: „Beim Thema Aggression brauchen Sie bei mir keine Angst zu haben; damit bin ich längst fertig. Das habe ich auf meine Weise gelöst.“ Hat er das wirklich? Hat er sie vielleicht verdrängt?

Häufig werden offene und persönlich zum Ausdruck gebrachte negative Äußerungen wie Ärger, offenes Zugeständnis von Ablehnung oder ehrlich ausgedrückte Meinungsverschiedenheiten als geschmackloses, unangebrachtes oder unhöfliches Verhalten abgelehnt.

Nachgeben? Sanft sein? Nett sein?

Aggressionen lösen allgemein Angst aus. Als erstrebenswert und richtig dagegen werden Sanftmut, Entsagung, Nachgebenkönnen, auf jeden Fall das Fehlen jeglicher Agressivität angesehen.

Häufig höre ich folgendes uneingeschränkte Lob über Menschen:

- Er ist zu keinem unfreundlichen Gedanken fähig.
- Der oder die könnte keiner Fliege etwas zuleide tun.
- Meine Eltern waren ein wunderbares Paar. Nie gab es Streit bei ihnen.

- Er ist toll. Er tut einfach alles, worum ich ihn bitte.

Ist das Liebe, wirkliche Liebe, wenn ich immer nett, lieb, freundlich, ausgleichend, verstehend bin, ja sage zu allem um des lieben Friedens willen, nachgebe, wo ich doch innerlich ärgerlich oder anderer Meinung bin? Oder ist das nicht Angepaßtheit, Sentimentalität, Harmoniesucht, Feigheit? Drastisch ausgedrückt: unbewußte Heuchelei? Es wird so getan, als sei alles in bester Ordnung, als gäbe es die feindseligen, ärgerlichen, widersprüchlichen Impulse nicht in mir. Damit entsteht jedoch ein unehrlicher Vertrag mit dem anderen. Ich dränge bestimmte negative Gefühle und Einstellungen zurück und blockiere so eine aktive, ehrliche Beziehung zu meinem Gegenüber aus Angst vor eventuellen Konflikten und Meinungsverschiedenheiten, aus Angst vor Unannehmlichkeiten.

Ich lächle, wo ich ärgerlich bin

Auf diese Weise aber verlieren wir die Fähigkeit, den anderen und uns selbst ehrlich und in der ganzen Wirklichkeit zu sehen. Ich lächle, wo ich ärgerlich bin, ich schweige, wo ich anderer Meinung bin, ich schmeichle, wo ich Verachtung fühle. So bildet sich allmählich ein unwahres Klima mit einem anwachsenden „unterirdischen" Aggressionspotential, das zur Explosion drängt.

Möglicherweise explodiert die immer größer gewordene unterirdische Bombe in einem unerwarteten Moment bei einer sogenannten kleinen Bagatelle.

Z. B. schlägt die fürsorgliche, aufopfernde Mutter ihr Kind plötzlich und heftig bei einem relativ harmlosen Anlaß. Sie ist entsetzt über sich, und das Kind ist verstört, versteht die Reaktion der Mutter nicht. Vielleicht hatte die Mutter sich schon häufig an dieser Stelle über das Kind geärgert, das aber immer wieder vor sich selbst bagatellisiert, und nun entlädt sich plötzlich, was sich angestaut hat.

Wenn also die Fähigkeit fehlt, aggressive Impulse bei sich und beim anderen wahrzunehmen und zu steuern, wird jeder einzelne leicht Opfer seiner eigenen unterschwelligen Aggressivität. Wir erschrekken plötzlich über unseren Tonfall, über die Wortwahl oder Lautstärke. Oder aber wir sind schockiert, wenn sich herausstellt, daß unser friedliches, ruhiges Gegenüber plötzlich zu äußerst negativen, geradezu gewalttätigen Aktionen fähig ist.

Wir sind entsetzt und sind nochmals bestätigt in unserer Ablehnung den Aggressionen gegenüber. Und so werden sie weiterhin mit Erfolg verdrängt, bis sie erneut ganz subtil und kaum erkennbar hervorkommen oder mit großer Wucht ausbrechen.

Denn vorhanden sind sie, die Aggressionen in uns. Sie gehören zu uns, und sie sind von Natur aus in uns verankert.

Aggressionen – ein natürlicher Lebenstrieb

Die Aggression ist ein angeborener natürlicher Lebenstrieb, ebenso wie der Sexualtrieb und der

Eßtrieb, und dient uns zur Selbsterhaltung. Wir alle stehen in einem unaufhörlichen, unvermeidbaren Konflikt mit unserer Umwelt, mit Menschen und Tieren und mit der Natur, von der wir uns ernähren. Jede Kreatur ist mit ihrem eigenen Selbsterhaltungstrieb und -willen schöpfungsmäßig ausgestattet, mit Kräften, die dem Leben dienen sollen. Daher ist es unumgänglich, daß es zum Kampf, zu Rivalitäten, zu Auseinandersetzungen kommt. So ist es von Natur aus eingerichtet.

Ein kleines, harmloses Beispiel aus der Natur kann das verdeutlichen. Wer kennt nicht die Szene: Auf einer Brücke stehend sehen wir dem bunten Treiben tauchender und schwimmender Enten zu. Kaum werden ihnen Brotbrocken zugeworfen, verwandelt sich das friedliche Bild in ein gegenseitiges Vertreiben, Verfolgen und Aufeinandereinhacken. Es geht um die Angst, zu kurz zu kommen.

Der Lebenskampf benötigt Abgrenzungs- und Selbstbehauptungskraft zum Schutz jedes einzelnen Lebens. Daraus entstehen ganz natürlicherweise Ängste, ausgelöst durch das schwankende Kräftespiel von Unterlegenheit und Überlegenheit.

Wie sehr sind z. B. Geschwister immer wieder darum bemüht, auf einem bestimmten Gebiet ihre Überlegenheit zu demonstrieren, gerade wenn sie fürchten, auf einem anderen Gebiet zu unterliegen, zu klein, zu unwichtig, zu unbegabt zu sein. Der eine tut sich hervor im sportlichen, der andere dafür im musischen oder praktischen Bereich. Das kann ein richtiges Wetteifern sein und kann ganz positiv als

Ansporn dienen, sich selbst zu behaupten und darzustellen. Es kann aber auch in einen verletzenden Machtkampf ausarten, der tiefe seelische Wunden schlägt.

Konstruktiv oder destruktiv – das ist hier die Frage

Aggression – dieser Trieb zur Selbsterhaltung kann also positiv genutzt werden, positiven Charakter haben, kann aber auch destruktiv eingesetzt werden und entsprechend zersetzende und negative Auswirkungen haben. Zunächst sind Aggressionen wertneutral und nichts Negatives. Es kommt darauf an, wie jeder sie nutzt, mit ihnen umgeht.

Paul Tournier schreibt in seinem Buch „Aggression – Kraft zum Guten, Kraft zum Bösen“: „Man benötigt eine hinlängliche Dosis Aggressivität, um der Aggressivität der anderen entgegenzutreten. Das Gleichgewicht läuft ständig Gefahr, sich in einen Kräftebeweis zu verwandeln.“ Die Aggressivität ist eine lebenserhaltende, notwendige Kraft, eine Ich-Kraft, mit der jeder umzugehen lernen muß, weil in ihr gleichzeitig Machtwille und Gewalt enthalten ist. Sie enthält ein Potential, aus dem der tägliche Kleinkrieg, Kleinkrieg in Ehe und Familie, am Arbeitsplatz oder in der Nachbarschaft genährt wird, und sie kann letztlich zu Völkermord führen, wie es z. B. erschreckend und unfaßbar im ehemaligen Jugoslawien sichtbar wird.

Im Gegensatz zu uns Menschen tötet das Tier lediglich, um sich zu ernähren; es tötet nur sehr selten einen Artgenossen. Die Katze tötet eine Maus, tötet aber nicht eine Katze. Dem Menschen fehlt diese instinktgesteuerte Hemmung. Er ist in der Lage, einem anderen eine Tasse an den Kopf zu schmeißen, ein Haus anzuzünden, andere Menschen zu töten, ja, ein ganzes Volk auszulöschen.

Verdrängen ist keine Lösung

Je deutlicher uns die Sprengkraft unseres Aggressionstriebes wird, um so verantwortungsvoller und bewußter werden wir mit ihm umgehen. Das Nichtwahrhabenwollen eigener aggressiver Tendenzen, das heißt das Verdrängen ins Unbewußte, ist keine Lösung. Es bewirkt lediglich, wie schon erwähnt, eine Verlagerung mit der Gefahr des unkontrollierten Ausbruchs oder aber eine unterschwellige zersetzende Vorwurfshaltung, die die Atmosphäre zerstört. Ein bellender Hund, in den Keller gesperrt, wird auch im Keller weiterbellen.

In dem lateinische Wort „agredi“, aus dem unser deutsches Wort Aggression abgeleitet ist, steckt die Bedeutung einer zielgerichteten Aktivität: Ich nehme aktiv etwas in Angriff. Ich packe etwas an. Ich gehe auf einen Menschen oder auf eine Sache zu. Das ist zunächst wertneutral, aber je nach Typ und Stimmung und Situation kann jemand etwas positiv oder negativ in Angriff nehmen.

Der Vater schreit ...

Ein Beispiel: Die Familie sitzt hungrig am Abendbrottisch. Alle freuen sich aufs Essen. Leider fehlt die Butter. Der Vater schreit: „Könnt ihr nicht mal an alles denken? Schon wieder fehlt was!"

Zweite Möglichkeit, gleiche Szene, hungrige Familie und fehlende Butter am Abendbrottisch. Vater: „Du, Liselotte, ich glaube, du hast den Tisch gedeckt. Wie wäre es, wenn du dich auf deine Arbeit konzentriertest? Holst du bitte noch die Butter, die fehlt?" In diesem Fall gibt der Vater eine klare, aber freundliche, angemessene Anweisung.

Es gibt also zwei verschiedene Möglichkeiten, mit einem Unbehagen, mit Ärger oder Wut umzugehen: konstruktiv oder destruktiv. Es bleibt ein Lernprozeß, mit Frustration, mit Erwartungen, mit Enttäuschungen, mit Ärger „vernünftig" und konstruktiv umzugehen. Menschen, die in der Kindheit und Jugend nicht auch lernten, Frustrationen, Enttäuschungen und Entbehrungen auszuhalten und diese als eine Seite des Lebens zu integrieren, werden im Erwachsenenalter übermäßig oder zersetzend aggressiv bei auftretenden Schwierigkeiten reagieren.

Immer wieder bin ich erstaunt, wenn ich nach einem Vortrag oder einem Gespräch über Umgang mit Aggressionen bei Menschen eine Erleichterung, ja geradezu Entlastung erlebe, wenn sie hören, daß sie Aggressionen haben dürfen! Mehr noch: Daß Aggressionen zu den Grundpfeilern unserer Existenz gehören und eine lebendige Kraftquelle sein können! Zur wirklichen Liebe gehört die Kraft, nein zu sagen, sich abzugrenzen, den Ärger auch auszusprechen, eigene Wünsche zu äußern.

Die Geschichte der Frau Y.

Frau Y. erlebte ein sehr umsorgtes, überhütetes Zuhause. Die Mutter widmete sich ausschließlich und mit großem Geschick den Töchtern. Sie verstand es, allen Unmut, allen Ärger frühzeitig aus dem Weg zu räumen. Die Mutter war sehr bestimmend.

Frau Y. ist heute überkorrekt, ist sehr leistungsbetont, ist sehr ehrgeizig, aber sie leidet unter starken Skrupeln, unter Ängsten und immer wieder unter quälenden Depressionen. Ihr fehlt der Schwung, ihr fehlt die Unbekümmertheit, ihr fehlt der Mut zum Fehlermachen, der Mut zum Neinsagen, zum Abgrenzen, ihr fehlt die gesunde Lebenskraft.

Fazit: Sie ist in der Verschmelzung mit der „guten" Mutter haften geblieben. Die Mutter war immer „lieb", auf Harmonie bedacht. Das Miteinander war immer friedlich. So hat die Tochter nicht gelernt, mal zu sagen: „Nein, das möchte ich nicht. Hier, das bin ich, und das bist du!" Das ist gesunde Selbstbehauptungskraft: ohne gleich zu platzen und zu schreien, einfach nein zu sagen und dieses Nein auch ruhig und sachlich zu begründen. Das ist ein Lernprozeß.

Ernst Moritz Arndt sagt: „Wer nie im Zorn erglühte, kennt auch die Liebe nicht." Zorn und Liebe gehören zusammen, die Aggressivität ist eine notwendige Begleiterscheinung der Liebe. „Jede Beziehung, sei sie sexuell ausgerichtet oder auch nicht, enthält jenes Doppelpotential an Liebe und Haß“ (Dr. Goggenbühl-Craig).

Jedes Licht wirft seine Schatten

So wie eine Medaille zwei Seiten hat, so leben wir in einer bipolaren Welt, und in uns sind auch immer zwei Seiten: Licht und Schatten, Gut und Böse, Güte und Brutalität, Geduld und Ungeduld, Demut und Hochmut, Ordnung und Chaos usw.

Im Buch Prediger (Kapitel 3) des Alten Testamentes steht es so beschrieben: Alles hat seine Zeit, das Geborenwerden und das Sterben, das Pflanzen und das Ernten, das Weinen und das Lachen, das Trauern und das Tanzen, das Lieben und das Hassen, der Krieg und der Frieden usw. Der Prediger Salomo wußte wohl schon, ohne analytisch ausgebildet zu sein, von den naturgemäßen Gegensätzen in uns und in unserem Lebensablauf, von unseren Licht- und Schattenseiten, von der Polarität in unserem Leben.

Das Selbstporträt

Wir alle haben ein von der Kindheit an gewachsenes „Selbstporträt“, das uns gefällt und das wir mit Mühe und Geschick aufrechtzuerhalten wissen (wie z. B. das Bild der jungen Frau in der Skizze). Dabei

Das Bild zeigt eine Frau mit verschiedenen Gesichtern: Die junge Frau mit schwarzem Haar und schwungvoller Feder hat das Gesicht nach hinten gewendet, die alte Frau mit hexenartigen Zügen schaut nach unten. – Zunächst sieht man nur die eine oder *die andere, die alte oder die junge, die hübsche oder die häßliche Frau. Es erfordert innere Aufmerksamkeit und genaues Hinsehen, um beide Gesichter wahrzunehmen. So ähnlich geht es uns mit unserer Sichtweise von uns selbst und unseren Eigenschaften: Sehe ich meine Hilflosigkeit* und *meine Macht, meine Großzügigkeit* und *meinen Geiz, mein Mißtrauen* und *mein Vertrauen, meine Liebe* und *meinen Zorn usw.?*

stellen wir unsere „Schokoladenseiten", unsere sogenannten guten Seiten ins Licht, die anderen verdrängen wir in den Schatten (wie z. B. das Bild der „Hexe" in der Skizze). Das geschieht weitgehend unbewußt.

Je nach Prägung und verinnerlichten erzieherischen Idealen leben und zeigen wir die nette, verstehende, geduldige, objektive, ordentliche, disziplinierte, kluge, tapfere Seite unseres Wesens. Das heißt, wir sehen in uns hinein und zeigen auch den anderen in erster Linie die Seiten, die uns von unserer Natur her am meisten liegen und die von unseren Eltern und Erziehern am stärksten bestätigt oder aber abgelehnt wurden: „Ein Junge weint nicht." – „Ein Indianer kennt keinen Schmerz." – „Wenn du immer so unordentlich bist, kann ich dich gar nicht liebhaben." – „Du bist tüchtig, so wird was aus dir." Aber die Tüchtigkeit, Ordnung, Tapferkeit können uns zum Korsett werden, also einengend. Da jedes Kind das Urbedürfnis nach Versorgt- und Geliebtwerden hat, wird es sich nach den Idealen der Eltern ausrichten, eventuell auch auf Kosten eigener lebenswichtiger Impulse. Um Anerkennung zu bekommen, unterdrückt das Kind eigene Gefühle und Impulse. Eine ängstliche Mutter z. B. wird ein lebhaftes, aktives Kind so beeinflussen, daß es mit der Zeit selbst Angst bekommt vor seinen eigenen Aktivitäten.

Da Kinder noch ein nicht definiertes Ich haben, also noch nicht wissen, wer und wie sie sind, richten sie sich automatisch nach den Eltern aus als Spiegel ihrer selbst. So werden Kinder „be-ein-druckt". So entstehen Lebensmuster, Lebens- und Überlebensstrategien, die hilfreich sein können, aber immer einseitig sind.

Dieser bewußt gelebte Teil von uns wirft aber seine Schatten, und es ist für uns eine Einladung und wichtig, diesen Schatten anzuschauen. Menschen, die uns in unserem Bild von uns selbst bestätigen, sind uns sehr sympathisch – unsympathisch dagegen sind uns jene, die dieses Bild von uns selbst durch Kritik oder vermeintlich falsche Beurteilung kaputtmachen wollen. Wir lieben unser Selbstbild, und um es aufrecht erhalten zu können, entziehen wir uns den kritischen Stimmen. Die Folge ist unweigerlich eine Zementierung der trügerischen Einseitigkeit durch gleichzeitiges Verdrängen der eigenen Schattenseiten.

Die Geschichte der Frau M.

Frau M. ist als ältestes von fünf Kindern in einer einfachen, redlichen Handwerkersfamilie aufgewachsen. Schon früh mußte sie die Mutterrolle für die jüngeren Geschwister übernehmen, da beide Eltern mit dem handwerklichen Betrieb und zusätzlicher kleiner Landwirtschaft vollauf beschäftigt waren. Frau M. lernte, tüchtig, pünktlich und verantwortungsvoll zu sein. Ihre Rolle brachte ihr früh das Vertrauen der Mutter ein, die ihr alle Sorgen mitteilte, und außerdem die Akzeptanz des unnahbaren, etwas strengen Vaters. Ihr Selbstbewußtsein war genährt von ihrer

Leistung, ihrem Gebrauchtwerden, ihrem Tüchtigsein. Alle eigenen kindlichen Versorgungs- und Anlehnungsbedürfnisse, alle spielerischen, lockeren Impulse und Spontanität hatte sie verdrängt, waren nicht gefragt – waren nicht integriert in ihre persönlichen Lebensvorstellungen. Sie überforderte sich selbst und andere in ihrem Pflichtbewußtsein. Diese Einseitigkeit wurde zu ihrem Lebensprinzip.

Sie konnte sich nicht vorstellen, daß etwas anderes auch „richtig" oder möglich lebbar sei, daß sie z. B. ein gemütliches Gespräch einer ordentlichen Küche vorziehen könne, ein Weihnachten ohne die obligatorische Weihnachtsgans, ein Erlebniswochenende ohne die Kinder und ohne bestimmte Arbeiten im Reisegepäck.

Zum Konflikt kam es immer wieder durch ihre Tochter, die so anders war. Deren Großzügigkeit im Umgang mit Zeit und Geld, deren Hang zu Wohlleben und eigenwilliger Lebensweise mit Reisen und aufwendigen Aktivitäten, waren in den Augen der Mutter eine Katastrophe, fast eine Schande.

Die beiden Frauen hatten große Verständigungsschwierigkeiten: Die Tochter empfand die Mutter eng und einengend, ja kleinkariert, die Mutter ihrerseits war enttäuscht und resigniert, aus ihrer Tochter nicht Besseres gemacht zu haben, ja sie war insgeheim wütend über die ihr fremde Lebenseinstellung der Tochter.

Beide verfestigten in der Ablehnung der Art des anderen ihr eigenes Wunschbild und verachteten unausgesprochen die andere. Es läßt sich leicht vorstellen, wie schmerzhaft die Mutter-Tochter-Beziehung war und mit wieviel heimlich-unheimlicher Aggression belastet.

Was waren nun die Schattenseiten von Frau M.? Alles, was sie verdrängt hatte an eigener Lebenslust, an kindlicher Unbeschwertheit, an Wünschen, sich etwas zu gönnen und zu leisten, an Spontanität sah sie übergroß und beängstigend in ihrer Tochter.

Projektionen

In der Psychologie spricht man hier von einer „Projektion", d. h. die eigenen verdrängten, daher unbewußten, nicht gelebten Seiten werden projiziert auf ein Gegenüber, das diese Seite lebt. Sie werden im Gegenüber erkannt, gesehen, aber nicht als eigene Anteile, als eigene Möglichkeiten, als eigene ungelebte Schattenseiten begriffen. Es ist eine psychologische Wahrheit, eine Gesetzmäßigkeit, daß alle uneingestandenen Fehler („hier fehlt etwas") übergroß und zum Teil emotional überlagert im anderen gesehen werden. Anderen gegenüber reagiert man besonders empfindlich, wenn die eigenen Schwachstellen an ihnen wie in einem Spiegel deutlich werden.

Im Neuen Testament wird berichtet (Matthäus 7, 3ff), daß Jesus schon vor zweitausend Jahren von diesem Sachverhalt gesprochen hat: „Was siehst du aber den Splitter im Auge deines Bruders und nimmst nicht den Balken im eigenen Auge wahr? Oder wie kannst du zuerst zu deinem Bruder sagen:

‚Halt, ich werde den Splitter aus deinem Auge ziehen', und siehe, ein Balken steckt in deinem Auge? Du Heuchler! Zieh zuerst den Balken aus deinem Auge. Danach sieh zu, wie du den Splitter aus dem Auge des Bruders ziehst." Jesus sprach also schon von Projizieren, ohne es so zu nennen. Aber er wußte um dieses Verhalten der Menschen.

„Ihr seht nicht richtig!"

Frau M. hatte aufgrund ihrer Veranlagung und Erziehung einseitig gelebt und das für das Ganze und Richtige gehalten. Es fehlte aber etwas, und dieses Fehlende sah sie als Fehler in ihrer Tochter. Die Aussage von Jesus heißt: Ihr seht nicht richtig! Schaut hin, ihr meint, gut und richtig zu sein, ihr täuscht euch aber in euch selbst und in dem anderen. Es geht um dich und um deine neue Sichtweise und dann erst um den Splitter im Auge deines Bruders, deiner Tochter, des Nachbarn, der Schwiegermutter, des Kollegen.

Wieviel Ärger, Bitterkeit, Streit, Neid und Hochmut entstehen aus dieser einseitigen Sichtweise: Ich bin richtig – du falsch; ich bin ordentlich – du unordentlich; ich bin großzügig – du geizig; ich bin liebevoll – du gleichgültig. Es erscheint schwarzweiß gesehen, die Realität aber ist ganz anders: So hat zum Beispiel jeder Ordentliche auch eine verdrängte unordentliche Seite, jeder Liebevolle auch eine gleichgültige usw. Häufig erscheint uns die dunkle Seite in unseren Träumen.

Die positive Projektion, der wir z. B. in der ersten Liebe unterliegen, sieht genau umgekehrt aus. Da werden in das Gegenüber eigene unbewußte positive Seiten hineingesehen. Das klingt so: Du bist klug – ich dumm; du bist stark – ich schwach; du bist selbstlos – ich egozentrisch; ach, wäre ich so wie du – ohne dich kann ich nicht mehr leben!

Auch hier handelt es sich um eine unrichtige, einseitige Sichtweise, die korrigiert werden muß, um nicht in eine tiefe Enttäuschung zu fallen, wenn sich das Gegenüber plötzlich ganz anders verhält, als ich mir das gewünscht und gedacht habe.

Wohin mit den nichtgelebten Eigenschaften?

Vielleicht hat jemand seine eigene Stärke noch nicht entdeckt und sieht sie nur im anderen. Diese positive Projektion kann ebenso zerstörend sein wie die negative. Erstens, indem man sich nichts zutraut, und zweitens, indem man den anderen damit festlegt und überfordert. Eltern können z. B. eigene, nicht gelebte Eigenschaften, Phantasien und Sehnsüchte in ihre Kinder hineinsehen und sie damit auf bestimmte Weise festlegen. Häufig wird die Liebe der Eltern davon bestimmt, in welchem Maß die Kinder ihren Wunschvorstellungen, ihrer positiven Projektion entsprechen. Da ist z. B. der Vater, der seinen Sohn motiviert, ein Jurastudium zu absolvieren, das er sich seinerseits nicht zugetraut hat oder sich ermöglichen konnte. Da ist die Mutter, die in ihrer Tochter die intellektuelle Begabung und die Musikalität entdeckt; beides waren unentwickelte Seiten von ihr selbst. Unter Umständen erlebt die Tochter jetzt ein stellvertretendes Leben für die Mutter.

Wir alle projizieren, wir alle haben verdrängte, unbewußte positive und negative Seiten.

Der Eisberg

Wir sind so beschaffen, daß uns nur etwa ein Achtel bewußt ist, sieben Achtel ruhen oder arbeiten in unserem Unbewußten. Wir sind vergleichbar mit einem Eisberg.

Alle Eindrücke vom ersten Moment unseres Lebens an sind in uns gespeichert. Weitaus das meiste (sieben Achtel) ist abgesunken in unser Unbewußtes. Unser Wissen und Wollen ist also sehr begrenzt. Wir wollen gern freundlich sein, da fällt ein Wort im Gespräch, und wir werden wütend, wir sehen rot! Ein Reizwort, ein Ein-druck aus dem Unbewußten. Ein Wort vielleicht mit einem gewissen Tonfall, das Erinnerungen an den alten Lehrer oder die große Schwester weckt und längst vergessen geglaubte Gefühle wiederbelebt. Ich reagiere sauer, der andere betroffen, verständnislos. Es kommt zum Streit. Wir wollten es nicht. In unserem Bewußtsein war ein friedliches Miteinander geplant.

Gehörtes, Gesehenes, Berührungen, Gerüche können aus dem Unbewußten frühere Eindrücke zutage fördern, die wie aus einer anderen Wirklichkeit zu

Der Eisberg

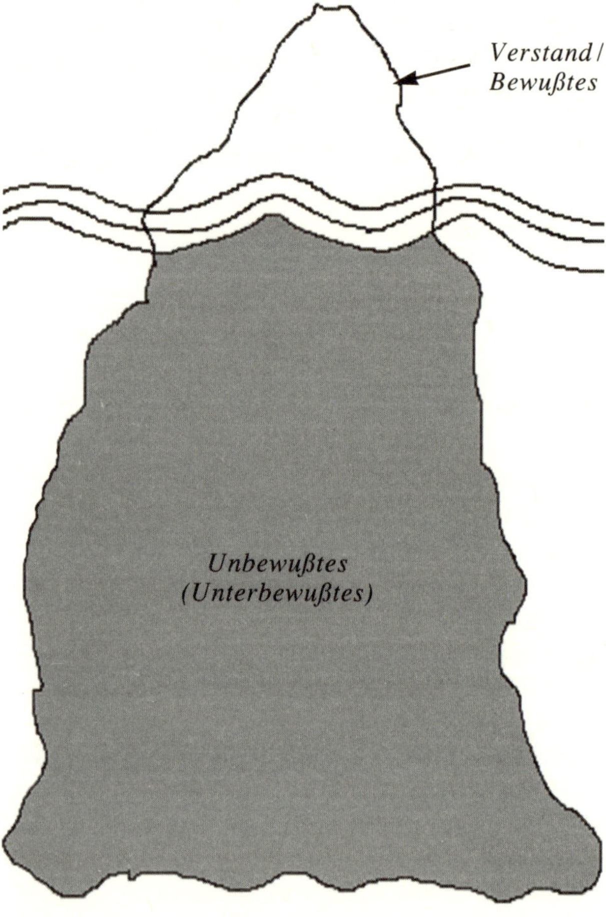

Bewußtsein / Verstand	*1/8*
Unbewußtes / Emotionen	*7/8 = mehr als 3/4*

uns kommen, uns angenehm oder unangenehm berühren.

Der Apostel Paulus beschreibt die Macht des Unbewußten so: „Das Gute, das ich tun will, tue ich nicht; sondern das Böse, das ich nicht will, das tue ich“ (Römer 7, 19).

Anne und Franziska

Zwei Freundinnen fahren mit einem Auto. An einer Kreuzung deutet Anne, die Mitfahrerin, plötzlich nach links auf eine Straße und ruft: „Franziska, stop, hier mußt du einbiegen!“ Franziska schreit die Freundin mit wutblitzenden Augen an: „Meinst du, das weiß ich nicht? Laß mich gefälligst selbst fahren!“

Verständlicherweise herrscht Betroffenheit auf beiden Seiten. Die Fahrerin, schon etwas eingeübt im Umgang mit sich selbst und im Aufmerksamwerden auf eigene unkontrollierte Reaktionen, erkannte in einem späteren Gespräch ihre alten Kleinheits- und Unterlegenheitsgefühle ihrer älteren, beherrschend wirkenden Schwester gegenüber. Mit der Freundin tauchte aus dem Unbewußten eine alte Beziehung wieder auf, und mit ihr stieg plötzlich alte Wut hoch: „Ich will mich nicht mehr bestimmen lassen.“

Wir alle gleichen häufig einem stillen klaren Bergsee, der sich im Nu grau-schwarz verfärben kann, wenn ein harmloser, in das Wasser geworfene

Stein in der Tiefe Schlamm aufrührt. So wie es der eben beschriebenen Fahrerin erging.

Die unbewußten Anteile entdecken

Es besteht die Not-wendigkeit (im wörtlichen Sinne) und die vielversprechende Einladung an jeden, die unbewußten Anteile in sich zu entdecken. Denn: Das, was uns unbewußt bleibt, hat Macht über uns, „macht" etwas mit uns. Um in unserem Beispiel zu bleiben: Je mehr Franziska das verletzte, sich wehrende Kind in sich erkennt, um so bewußter wird sie sich in einer erneuten Konfliktsituation entscheiden können, *wie* sie reagieren will. Sie spürt die aufsteigende Kränkung und Wut, sie erkennt sie jetzt schon und kann sie zuordnen. Jetzt hat das Gefühl nicht mehr diese unbestimmte Macht, sondern mit dem Bewußtwerden kann ihre Vernunft einsetzen. Mit der Zeit lernt sie, „vernünftig" zu reagieren. Etwa so: „Du, ich kenne den Weg. Ich hab es nicht so gern, wenn du dich einmischst, wenn ich fahre. Aber ich werde dich fragen, wenn ich mir bei dem Weg im unklaren bin."

In dieser Reaktion würde sie sich und ihre Empfindlichkeit Bevormundungen gegenüber ernst nehmen und gleichzeitig der Freundin als mitdenkender Fahrerin gerecht werden.

Wenn wir also lernen, mit unseren Re-Aktionen bewußter umzugehen, werden wir sie unter Umständen schneller als ein Abwehrverhalten erkennen. Wir werden bei einem Konflikt die eigenen Anteile klarer herausfiltern können. Etwas zuzugeben, eine Schwäche oder eine Schuld, bedeutet ja nicht Gesichtsverlust. Im Gegenteil, es ist ein Zeichen von Stärke und erleichtert das Verstehen füreinander.

Gefühle akzeptieren lernen

Zurück nochmals zu den schon anfänglich erwähnten häufig gestellten Fragen: „Ist mein Ärger denn überhaupt so berechtigt?" „Oft weiß ich nicht mal, warum ich plötzlich so aggressiv werde", und „spiele ich das ganze nicht nur hoch?"

Wut und Aggression gibt es einfach. Es sind Fakten, so wie wir hungrig oder durstig werden. Wir fragen auch nicht: Darf ich Hunger haben?

Wut ist ein Gefühl, und ein Gefühl hat Gründe und verdient unsere Beachtung. Wir sollten lernen, Gefühle – und besonders auch die negativen – ernst zu nehmen, damit sie uns nicht überrollen und Macht über uns gewinnen. Hinter der Wut steckt oft Trauer, Enttäuschung und Schmerz durch noch nicht verheilte Wunden. Trauer möglicherweise über nicht gelebtes Leben oder über erfahrenes Unrecht. Diese Schmerzen brauchen Trauerarbeit und Heilung – und einen Menschen, der einen versteht, vielleicht sogar besser, als man sich selbst verstehen kann.

Oder die Aggression hat mit Druck zu tun – Druck, dem wir uns durch andere ausgesetzt fühlen oder den wir uns selbst machen. Durch Druck fühlt man sich in die Enge getrieben, und das löst Angst aus; z. B. Angst nicht verstanden zu sein, überfahren zu werden, oder sich als „klein“ hingestellt zu fühlen. Diese Angst erzeugt Wut, und nicht erkannte und ausgetragene Wut kann auf Dauer zu Depressionen führen.

Vorbild König David

Für mich ist der König David ein gutes Vorbild. David kannte die Abgründe seines Herzens und scheute sich überhaupt nicht, seine Gefühle, seine Empfindungen, die positiven wie die negativen, auszudrücken. Er vermochte unglaubliche Lust und Freude auszudrücken vor Gott – im Reden, im Singen, im Tanzen, im Spiel mit Instrumenten. Ein Lied von ihm beginnt so: „Preisen will ich Gott von ganzem Herzen. Ich will jauchzen und frohlocken ...“ (Psalm 9). Und dann wieder ist es ihm auch möglich, seine Trauer, seine Verzweiflung, seine Wut und Rachegefühle gegen seine Feinde vor sich selbst und vor Gott auszuschütten. Er klagt sich aus: „Wo ich auch gehe, da umgeben sie mich (die Feinde). Ihre Augen sind darauf gerichtet, daß sie mich zu Boden stürzen“ (Psalm 17,11). „Herr, mache dich auf, tritt den Feinden entgegen, demütige sie! Errette mich vor ihnen mit deinem Schwert“ (Rachegefühle!) (Psalm 17,13). David ist in der Lage, die ganze Breite seiner Gefühle – Lust und Freude, tiefe Trauer, Schmerz und Wut – zu formulieren. Er verdrängt seine Gefühle nicht, scheut sich nicht im mindesten, alle Regungen auszubreiten. Aber dadurch, daß er sie ausspricht vor sich selbst und vor Gott, können sie nicht mehr heimliche Macht ausüben über ihn. Er läßt sozusagen das rostige Wasser ab und erfährt, daß klares nachfließt. Er gewinnt Vertrauen durch den Schmerz und Zorn hindurch: „Aber du, Herr, bist der Schild für mich, du bist meine Ehre und hebst mein Haupt empor" (Psalm 3, 4).

Und gerade weil er seine Aggressionen ausdrückt, sie nicht verdrängt, ist er im Augenblick der Konfrontation in der Lage, seinen Feind, den König Saul, der David jahrelang nach dem Leben trachtete, nicht zu töten, sondern ihm auf würdige Weise zu begegnen. In einer Höhle treffen sie aufeinander, David und der König Saul, der in eifersüchtiger Wut den jungen David als Rivalen auslöschen möchte. Es scheint die Stunde der Abrechnung gekommen – aber David tötet den ahnungslosen, schlafenden Saul nicht, sondern schneidet ihm lediglich einen Zipfel seines Mantels ab als Zeichen seiner Friedensabsicht.

Hier gab es eine echte Friedenschance. Saul erkannte die Wahrhaftigkeit seines vermeintlichen Gegeners David. Aber Sauls Herz war noch gefüllt mit Mißtrauen, und so gelingt er nicht, der für beide heilsame Frieden. Von David kommt auch der bewährte Rat: „Seid zornerregt, aber versündigt euch nicht, überdenkt es in der Stille" (Psalm 4, 5).

Diese Geschichte kann für uns Vorbildcharakter haben. David erkennt seine Wut, seinen Zorn, seine

Trauer, er spricht sie aus, aber er *vollzieht* den Zorn selbst nicht.

Wo, wann und wie sprechen *wir* über unsere Kränkung – die Ängste und unsere Wut?

Warnsignale

Wut, Ärger, Aggressionen sind Warnsignale in uns, ähnlich wie Schmerz und Angst, die uns auf konstruktive Weise mobilisieren können. Wut kann eine Botschaft enthalten: z. B. daß wir gekränkt wurden, daß unsere Rechte verletzt sind, daß wir in einer Partnerschaft, in Familie oder Beruf zuviel von unserer Persönlichkeit, unseren Überzeugungen oder Wünschen aufgaben. Unsere Aggressionen können ein Zeichen dafür sein, daß wir mehr tun oder mehr geben, als wir eigentlich wollen oder können.

Häufig allerdings unterliegen unsere negativen Gefühle so vielen moralischen Tabus und Sperren, daß wir gar nicht mehr merken, daß wir ärgerlich oder wütend sind. Wir gewöhnen uns an ein gespanntes Klima, das manchmal nur von Dritten richtig bemerkt wird.

Nett oder Giftspritze sein?

Aggressionen werden Männern im allgemeinen eher zugestanden als Frauen. In der gesellschaftlichen Tradition identifizieren sich Frauen eher mit Behüten,

Schützen, Trösten, Ausgleichen, Verstehen. Daher sind Frauen häufig in einer überdimensionalen Weise fähig, unbefriedigende Beziehungen aufrechtzuerhalten. Sie zahlen dabei einen hohen Preis: ihre eigene Identität. Frauen, die durchsetzungsbereit sind, fähig, sich klar abzugrenzen und eigene Entscheidungen zu treffen, unter Umständen Wut zeigen können, werden nicht selten als Furie, Emanze, Drachen, Giftspritze, als unweiblich oder liebesunfähig abgestempelt.

Wer will solch ein Image haben? Dann lieber „nett“ und verstehend – und akzeptiert sein. Welche Verluste muß ich eventuell hinnehmen, wenn ich eindeutiger, klarer, bestimmter auftrete? Welche Konsequenzen hat es vielleicht für meine Beziehung zum Partner? Aus Angst vor Liebesverlust scheute ich notwendige Auseinandersetzungen, und aus dem Wunsch heraus, „anzukommen“, höflich und freundlich zu wirken, werden negative Gefühlsäußerungen oder Klarstellungen vermieden.

Dennoch gehen diese negativen Gefühle nicht verloren, wie wir möglicherweise hoffen. Sie werden ins Unterbewußtsein abgedrängt und führen dort ihr Eigenleben als „Kellerkinder“, tauchen vielleicht als heimliche passive Aggression auf oder in Gestalt einer Krankheit oder Depression.

Die Geschichte der Frau Sch.

Frau Sch. sieht man an, daß sie leidet, als sie zur Sprechstunde kommt. Seit zweieinhalb Jahren leidet sie unter starker Depression, durch die ihr jede Eigeninitiative (einkaufen gehen, Besuche machen, Friseurgänge, Auto fahren) blockiert ist. Zudem quälen sie Rücken- und Kopfschmerzen derart, daß sie den Haushalt kaum noch versehen kann.

Sie ist verheiratet seit sechzehn Jahren, ihr Mann ist leitender Angestellter in einem mittleren Industriebetrieb. Sie haben drei Kinder. Nach der Geburt des dritten Kindes traten die beschriebenen Probleme auf.

Frau Sch. stammt aus einer Pfarrfamilie, in der der Vater dominierte. Er bestimmte auch die Schule und Berufsausbildung von Frau Sch., ein Pädagogikstudium, das sie von ihren Fähigkeiten her durchaus füllte. Sie selbst hätte sehr viel lieber Medizin studiert. Der Vater unterstützte auch die frühe Heirat mit ihrem jetzigen Mann, der bereits damals ein körperliches Leiden hatte. Mit vielen verinnerlichten Idealen und Werten (z. B. sich fügen oder zuerst für andere dasein), aber auch einem nagenden Unbehagen, versuchte sie, ihrem Beruf (sie arbeitete als Lehrerin) und ihren familiären Verpflichtungen nachzukommen. Immer wieder äußerte sie bei ihrem Mann den Wunsch, den Beruf zugunsten der Familie aufzugeben, was bei ihm seiner Krankheit wegen auf massiven Widerstand stieß. Er rechnete damit, durch ihren Beamtenstatus auch selbst mit abgesichert zu sein. Immer neu fügte sie sich den Argumenten und Gegebenheiten, allerdings zunehmend unwilliger. Als das dritte Kind auf die Welt kam – ungewollt von ihr –, brach ihr Leiden aus. Das Verhältnis zu ihrem Mann war inzwischen auf dem Nullpunkt, sexuelle Kontakte fanden kaum noch statt, was sie sich selbst anlastete.

Frau Sch. brauchte in den Therapiestunden sehr viel Zeit, bis sie ihre angestaute Wut überhaupt spüren konnte. Vieles fand sie beklagenswert, aber sie konnte doch nicht klagen. Immer wieder arrangierte sie sich mit ihrer Situation. Sie entschuldigte sich und andere, sie erklärte, warum alles so sei und verstand doch nicht. Ihre eingeübte Rolle, gefällig und tüchtig zu sein, und ihr eingewurzeltes Helferdasein verwehrten ihr, konsequent und klar sich selbst zu vertreten.

Auch sie sah, wie viele andere, nur die unüberwindbaren Hindernisse in den anderen und in den Gegebenheiten (bedürftiger Mann, Kinder, Beruf), nicht aber ihren eigenen Anteil an dem Konflikt. Was aber war ihr Konflikt? Von Kindheit an hatte sie ihre eigene Lebensenergie, ihre konstruktive Aggression, ihre Abgrenzungskraft zugunsten einer Anpassung an die Wünsche und Forderungen anderer zurückgedrängt.

Ihre eigenen Wünsche (anderes Studium, evtl. anderen Partner, nicht mehr Doppelrolle Hausfrau/Beruf) konnte sie nicht verantwortungsvoll vertreten, geschweige denn in die Tat umsetzen.

Die nicht zugelassene Wut über all das Ungelebte

kehrte sich gegen sie selbst und legte den Schleier der Depression um sie. Frau Sch. lernte in kleinen Schritten, sozusagen Schicht um Schicht, die alten Muster abzutragen, sich etwas zuzutrauen und sich selbst etwas zu gönnen. Es begann damit, daß sie sich spontan nach einer Therapiestunde und für sie erstmalig ein Stück Kuchen kaufte.

In ihren Träumen, die wir in unsere Arbeit einbezogen, tauchten zunehmend positivere Bilder auf, z. B. ein Haus von der Art und Weise, wie sie sich ihr eigenes „Lebenshaus" vorstellte. Sie gab nicht auf und blieb am Ball. Heute lebt Frau Sch. verantwortungsvoll – wagt, sich von ihrem Mann abzugrenzen, sich mit ihm auseinanderzusetzen. Sie gab ihre Schulstelle auf und begann berufsbegleitend eine neue von ihr gewünschte Ausbildung. Ihr Rücken hat sich verständlicherweise stabilisiert – sie hat „Rückgrat" bekommen, und ihr Mann und ihre Kinder profitieren sichtlich von ihrer Gesundung.

Die heimliche Wut

Ich möchte an dieser Stelle noch einige mögliche Formen passiver, aber destruktiver Aggressionen aufzeigen:

1. Schweigen und Schmollen. Manche Menschen glauben, „klug" zu sein, wenn sie bei einer Auseinandersetzung einfach schweigen – nach dem Motto „Der Klügere gibt nach, der andere ist ein Schaf". Sie übersehen, daß Schweigen ebenso ein

Machtmittel sein kann wie Schreien. Der andere läuft nämlich auf eine Wand auf, wird entmachtet und geht unter Umständen um so mehr in die Luft, was den Konflikt noch vergrößert. Der Redende bzw. Schreiende hat ein schlechtes Gewissen. Der Schweigende fühlt sich moralisch höherstehend. Er denkt *über* den anderen, statt *mit* ihm zu reden. Konflikte, die nicht ausgetragen werden, werden nachgetragen! Der Resignierende, der Schweigende, wird lernen müssen, sich nicht zurückzuziehen, sondern – sich selbst ernst nehmend – konstruktiv sich den Argumenten des anderen zu stellen. Denn: Wer lange schweigt, explodiert an der falschen Stelle. Wer lange schweigt, wird bitter und vorwurfsvoll.

2. a) Dauerndes Zuspätkommen.
   b) Termine vergessen, die dem anderen wichtig sind. Beides könnte heißen: „Ich will mich dir und deinen Terminen und Plänen nicht unterordnen."
3. „Versehentliches" Beschädigen oder „Verschlampen" von Dingen, die dem anderen wichtig sind.
4. Ironische oder sarkastische Bemerkungen: „Kein Wunder, daß du ein bißchen dumm bist. Du hast viel von deiner Mutter!" Das sind verbale Ohrfeigen.
5. Man entwertet einen Gesprächspartner, indem man sich einfach umdreht und mit einem dritten ein anderes Thema beginnt.
6. In der Ehe: Die Koalitionsbildung mit dem Lieblingskind (das natürlich auf mich herauskommt!) durch Nachsichtigkeit, während das des Partners

(das ja auf den Schwiegervater bzw. die Schwiegermutter herauskommt!) mit besonderer erzieherischer Strenge behandelt werden muß. In Wirklichkeit spielt sich hier ein unterschwelliger Machtkampf der Eheleute über die Kinder ab.

Krankheit macht ehrlich

Wenn wir unsere Seele nicht verstehen, spricht unser Körper eine deutliche Sprache und will uns belehren über blockierte Gefühle und Aggressionsenergien. Auch hier wieder kurz einige Hinweise:

1. Magengeschwür. Beim Magengeschwür wird die eigene Magenwand angegriffen. Die Kräfte, die der Körper braucht, um Eindrücke von außen zu verarbeiten, wendet er gegen sich selbst – und die Eindrücke, z. B. Konflikte, bleiben unbearbeitet, unverdaut. Der Magenkranke ist einer, der sich keine Konflikte leisten will und sich hineinsehnt in kindliche Harmonie.
2. Die Gallenblase. Wir hören jemand sagen: „Der spuckt Gift und Galle.“ Gallensteine, die ja den Abfluß der Gallenflüssigkeit verhindern, können versteinerter Ärger sein. Während diese Krankheit häufiger bei Frauen vorkommt, sind Nierensteine häufiger bei Männern zu finden.
3. Gähnen oder Wippen mit den Fußspitzen: „O, ist das langweilig hier.“
4. Zähneknirschen. Ich wage nicht, „bissig“ zu sein – beiße dafür nachts zu.

5. Rückenschmerzen. Man kann sagen: Ich überlaste mich. Die Anforderungen, die ich an mich stelle und stellen lasse, sind zu hoch. Ich werde manipulierbar, verfügbar, gehe auf x-beliebige Wünsche ein und werde dabei zum Objekt fremder Ansprüche. Ich brauche „eigenes Kreuz und Rückgrat“ zum Gesunden, brauche den Mut, um nein zu sagen.

Unkontrollierte Wutausbrüche

Bisher habe ich in erster Linie über verdrängte bzw. passive Aggressionsformen gesprochen. Die zweite Schwierigkeit, die weitaus mehr Angst auslöst, ist die der unkontrollierten Wutausbrüche.

Ich möchte, um dies verständlicher zu machen, die Entwicklungsgeschichte und das Erscheinungsbild eines aggressiv gestörten Mannes beschreiben:

Die Geschichte des Herrn L.

Herr L. ist verheiratet, hat zwei Kinder. Er bildet in einem kleineren Betrieb Lehrlinge aus. Er bzw. seine Umwelt leidet unter seinem Jähzorn, seinem zynischen und tyrannischen Wesen. Er ist äußerst reizbar – selbst bei harmlosen Anlässen wird er aufbrausend und jähzornig. Auf den ersten Blick wirkt er sehr freundlich und höflich, Freunden und höhergestellten Personen gegenüber zeigt er ein äußerst zuvorkommendes Verhalten. Seine Frau aber, die Kinder und auch seine Lehrlinge fühlen sich in seiner Nähe wie auf einem Pulverfaß, das jeden Moment explodieren kann. Er schreit, er schlägt, seine Sicherung brennt leicht durch.

Wieder ein Blick in die Vergangenheit: Herr L. war zunächst ein aufgewecktes, kreatives Kind, dessen Erlebnis- und Gestaltungsdrang immer häufiger den Eltern als Eigenwille und Widerspenstigkeit erschien. Sie versuchten, mit viel Strenge (Ohrfeigen, Prügel, Eingesperrtwerden) ihn Gehorsam zu lehren. Durch die harte Dressur wurde das Kind L. immer harthöriger, was dann natürlich neue Strafen zur Folge hatte. Die Eltern erreichten auf diese Weise sein Gehorchen, aber kein Selbstbewußtsein und erst recht keine gesunde Selbstbehauptungskraft.

Herr L. ist heute immer wieder bemüht, bei anderen Menschen, Freunden und Vorgesetzten mit Anpassung um Liebe zu werben. Bittet ihn beispielsweise ein Freund um eine Gefälligkeit (z. B. ein Auto zu reparieren), so ist L. sofort zur Stelle. Seine Frau dagegen kann ihn sechs Wochen lang vergeblich um das Aufstellen eines Regals bitten. Andererseits lebt er voller Mißtrauen und Angst, immer in Habacht-Stellung und Verteidigungsbereitschaft, weil er sich zu schnell angegriffen fühlt. Er überträgt, wie wir alle, sein früheres Erleben auf seine heutige Umgebung und Situation. Bei der geringsten kritischen Bemerkung seiner Frau (z. B.: „Du könntest auch mal zum Elternabend gehen!") schreit er los: „Ich lasse mir von dir nichts vorschreiben, ich gehe dahin, wo ich will!" Nimmt so ein Streit zu, schlägt er seine Frau ohne Kontrolle. Natürlich zittern nicht nur seine Frau, sondern auch seine Kinder und die Lehrlinge vor seinen Aggressionen, die wie ein Gewitter plötzlich hereinbrechen und Angst und Verunsicherung verbreiten.

Herr L. hat ein gespaltenes Bewußtsein – er liebt seine Frau und schlägt sie dennoch. Wenn er das eine tut, weiß er nichts vom anderen.

Es reißt ihn mit wie eine Woge

Gewalttätige Aggressionen ersticken im Menschen für diesen Moment Urteilsfähigkeit und moralisches Bewußtsein. Es „reißt ihn mit wie eine Welle". Seine Affekte sind ohne Kontrolle – Angst und Aggressionen sind übermächtig in ihm. Herr L. glaubt, seine Frau wirklich zu lieben, und verspricht jedes Mal, er wolle sie nicht mehr schlagen. Und als Beweis seiner Liebe und einer Art Wiedergutmachung möchte er mit ihr schlafen, was sie auch häufig über sich ergehen läßt – innerlich verwundet und abgestoßen.

Herr L. erfährt durch sein Verhalten verständlicherweise sehr viel Abwehr und Ablehnung, was ihn noch einsamer und aggressiver macht. So entsteht eine Negativschraube, die unter Umständen, so wie auch bei Herrn L., im Alkoholismus endet.

Zunächst kam Frau L. in die Beratungsstelle, weil sie nicht mehr mit der Situation fertig wurde. Auf ihrem Gesicht mit den verschwollenen, blau-umränderten

Augen erkannte ich die Spuren des letzten Streites. „Ich möchte raus aus dem Schlamassel, aber ich weiß nicht wie“, waren ihre Worte. Sie kam regelmäßig zu den Gesprächen, arbeitete gut und sehr motiviert mit und stabilisierte sich allmählich. Vor allem lernte sie, ihre eigenen Ängste und Affekte von denen ihres Mannes zu trennen. Das heißt, sie wurde innerlich ruhiger und unabhängiger von ihrem Mann. Durch neu gewonnene Festigkeit fühlte sie sich nicht mehr als das Strafobjekt ihres Mannes, sie ließ sich nicht mehr schlagen von ihm und erreichte sogar, daß Herr L. auch mit zu den Beratungsgesprächen kam. Später – allerdings nach einigem Hin und Her – besuchte er regelmäßig eine Selbsthilfegruppe für Alkoholabhängige.

Was kann in so einem Prozeß geschehen, ganz gleich, ob in einer Entziehungskur, einer Therapie oder in Gesprächen mit einem fachkundigen Seelsorger?

Herr L. hatte ein sehr verletztes Kind in sich (vgl. John Bradshaw, Das Kind in uns). Er fühlte sich innerlich klein und schlecht und ohne Rechte. Ihn bestimmte immer wieder die Angst, etwas verkehrt zu machen. Und gleichzeitig hatte er die tiefe Sehnsucht – wie wir alle –, er selbst sein zu dürfen, geliebt und wichtig für andere zu sein, Lebensrecht zu haben. Er verhielt sich aber so, daß die anderen ihm genau das nicht geben konnten, wonach er sich am meisten sehnte. Er versuchte, sich sein Recht, Aufmerksamkeit und Liebe zu erzwingen mit Anpassung auf der einen und Gewalt und Aggression auf der anderen Seite.

Erst als er dem Schmerz seines inneren Kindes begegnen und seine Tränen und seine Hilflosigkeit zulassen konnte, lernte er, sich selbst und sein Verhalten zu verstehen. „Mein Kind wütet", sagte er, „und ich kämpfe innerlich ums Überleben ..." Alte, angestaute Wut kam heraus und befreiendes Weinen.

Dies alles brauchte Zeit, Geduld, Zuhören, Liebe. Allmählich lernte er, sich selbst ernst zu nehmen, ohne seine Bedürfnisse bei den anderen zu erzwingen. Stück für Stück konnte er ein Selbst-Wert-Gefühl aufbauen, das ihn freundlicher werden ließ zu sich und seinen Nächsten.

Heute ist Herr L. „nüchtern", „wie neu geboren". Er habe, so berichtete er mir, vor seiner Therapie und der Kur „nicht mal mehr das Selbstbewußtsein eines Tieres" gehabt.

Familie L. lebt jetzt auf neue Weise zusammen – nicht problemlos, aber problembewußt und vor allem gesprächsfähig und gesprächsbereit.

Ist die Erziehung an allem schuld?

Kein wie auch immer gearteter Erziehungsstil kann Aggressionsbildung verhindern; Aggressionen gehören zu uns. Soziale Bedingungen *und* Anlage sind ausschlaggebend für den konstruktiven oder destruktiven Umgang mit ihnen, für Aggressionshemmung oder für unkontrollierte Aggressionsausbrüche.

Im alten Erziehungsstil wurde sehr viel Wert

gelegt auf Anpassung, Disziplin und Gehorsam, so daß es am Ende schwierig war, eigene Wünsche und Gefühle und erst recht negative Gefühle bei sich wahrzunehmen.

Das Leben aber lädt uns immer wieder ein, übersprungene Entwicklungsinhalte und -phasen nachzuholen. So erlebe ich es mit Staunen und Bewunderung, wie Menschen in biologisch fortgeschrittenen Jahren in einer Art „Reise nach innen", oder wie Carl Friedrich von Weizsäcker es von Dietrich Bonhoeffer sagt, einer „Reise in die Wirklichkeit" diese Ehrlichkeit und Übereinstimmung mit sich suchen. Dabei handelt es sich nicht, wie viele fürchten, um moderne Egozentrik und sogenannte Selbstverwirklichung. Im Gegenteil: Menschen ohne diese gesunde Balance von innen und außen, ich und du, ja und nein, werden zu Egoisten.

Ebenso aber wie der alte rigide, hinterläßt der heutige, eher liberale, alles zulassende Erziehungsstil schädliche Folgen. Die Erfahrung lehrt, daß Kinder aus diesem Erziehungsmilieu häufig sehr früh behandlungs- und therapiebedürftig sind. Sie erfuhren zu wenig Grenzen und Widerstand, sie lernten nicht ausreichend, mit Frustrationen angemessen umzugehen.

So neigen diese Menschen zu Unbeherrschtheit und Eigenwilligkeit. Oft verfügen sie über eine sogenannte instrumentelle Wut, das heißt, ihre Aggression wird als Mittel zum Zweck eingesetzt: „Wenn ich laut genug schreie, bekomme ich, was ich will." Und möglicherweise bekommen sie es aus Angst vor Unfrieden.

Sandra und Heiko

Die kleine Sandra z. B. wurde mit aufmerksamer Liebe und Toleranz umgeben. Sie sollte „freier" und ungezwungener aufwachsen als die Eltern. Heute ist Sandra eine kleine Tyrannin, die tolle Szenen veranstalten kann, um ihren Willen durchzusetzen: Bei den Eltern schlafen, Mutter darf nicht ohne ihre Genehmigung weggehen usw.

Zweites Beispiel: Heiko ist vierzehn Jahre alt. Er ist begabt und ehrgeizig. Wenn ihm etwas gegen den Strich geht, er z. B. beim abendlichen gesellschaftlichen Familienspielen verliert, kann er regelrecht „ausflippen", Stühle umwerfen, mit Büchern um sich schmeißen, schreien und beleidigen.

Diese Kinder brauchen feste, klare Grenzen und ein furchtloses Einschreiten der Eltern – selbst wenn die Kinder es als ungerecht ansehen. Widerstand formt, aber Grenzenlosigkeit läßt ungute Triebe ins Kraut schießen. Die Kinder müssen dabei aber spüren, daß sie zwar begrenzt, aber nicht abgelehnt, sondern geliebt werden.

Eine dauernde erhöhte Aggressionsbereitschaft kann zu einer Charakterentwicklung führen, die den Menschen prägt. Allmählich wird ihn diese Aggressivität beherrschen, was garantiert zu massiven Beziehungsstörungen führen wird.

Nicht schlucken, nicht wüten – aber was sonst?

Diese beiden polaren Verhaltensweisen – schlucken oder wüten – bedingen einander. Wir können es unschwer bei Ehepaaren beobachten. Der Zurückhaltende lebt von der Dynamik des anderen, er kann sich sozusagen den Luxus des Schweigens erlauben. Er tut dies, bis er erkennen muß, daß er nicht mehr er selbst ist.

Tim und Ute

Ute gehört zu diesen Menschen. Ihre Philosophie heißt: „Was bringt das Streiten? Wenn einer hier poltert, reicht das." Tim, ihr Mann, gehört zu den „Dynamischen". Er kann so lange sanft bleiben, wie ihn ein starkes Gegenüber in Schach hält. Ist sein Partner schwach und schweigend oder schmollend (also passiv aggressiv), entfesselt dies seine geballte Aggressionsenergie. Sie schweigt, weil er so viel schreit – er schreit, weil sie schweigt und schmollt. Sie erleben ein eheliches Wechselspiel von Bedrängen und Zurückweichen. Zu einer angemessenen und ehrlichen Auseinandersetzung zwischen ihnen kommt es nicht. Dafür müßten sie zunächst die Dynamik ihres Verhaltensmusters erkennen und durchbrechen.

Petra und Kurt

Wie so etwas geschehen kann, zeigen Petra und Kurt. Zunächst führten auch sie eine Streitehe. Petra versuchte, ihre Angst und Unsicherheitsgefühle durch emotionale Nähe zu ihrem Mann zu verringern. Sie zeigte ihre Gefühle und wünschte, möglichst viel Zeit mit ihm zusammen zu verbringen. Kurt dagegen hatte sich in seinem Leben so eingerichtet, daß er sich am sichersten fühlte, wenn er Gefühle rationalisierte und auf Distanz ging. Wie sehr häufig, suchte also die Frau die Nähe, während der Mann auf Abstand ging.

In guten Zeiten mag das ein sich ergänzendes, befriedigendes Verhalten sein. Spätestens in kritischen Phasen und in fortgeschrittenen Ehejahren wird solch ein Verhalten zur Zerreißprobe führen. Während Petra in Streßsituationen (z. B. krankes Kind, finanzielle Sorgen) im unmittelbaren Kontakt und Austausch mit Kurt Zuflucht suchte, zeigte dieser sich zurückhaltend, reserviert, was sie wütend machte. Sie schrie und weinte abwechselnd, warf ihm Gleichgültigkeit und Kälte vor. Sie wollte seine Offenheit und Nähe einfordern. Er warf ihr Übertreibung und Unsachlichkeit vor und stürzte sich mehr und mehr in seine Arbeit. Sie fühlte sich alleingelassen, und er fürchtete, von ihr kontrolliert zu werden.

Dieses zermürbende Streitspiel lief einige Jahre mit immer heftiger werdenden Szenen ab. Allmählich zog sich Petra mehr und mehr zurück, sprach nur noch das Nötigste mit Kurt, zeigte ihm auf bissige

Weise die kalte Schulter. Für kurze Zeit versuchte er nun, wieder Frieden und Nähe herzustellen. Doch bei ihr war aus der anklagenden Wut kühle, bissige Resignation geworden. „Jetzt will ich nicht mehr", gab sie ihm zu verstehen.

Petra sah sich umgeben von vielen Frauen, denen es ähnlich erging, und so fühlte sie sich getragen von einer tröstlichen Welle der Solidarität.

Ende oder Neuanfang?

In vielen Fällen ist dies die Endstation einer Beziehung und Ehe.

Bei Petra und Kurt glücklicherweise nicht. Petra suchte und fand einen Ausweg, indem sie Gesprächsbegleitung in Anspruch nahm. Zunächst ging es um eine Standortbestimmung: Um selbst zu verstehen, was sie veranlaßte, in diesem Ausmaß und in dieser Form Kurts Nähe zu suchen und einzuklagen, und was sie bei ihm damit bewirkte. Sie verstand, daß wenn sie immerzu in bedrängender Weise für Nähe sorgte (wenn auch spannungsreiche), er sich mit Überlegenheit den Luxus der sachlichen Distanz „leisten" konnte. Sie erkannte sich als die Schwache, die Wütende, die Abhängige: „Warum nimmst du dir nicht mal Zeit für deine Familie? Könntest du nicht einmal früher nach Hause kommen? Diesmal gehst du aber zu Patricks Lehrer!" Seine Antwort: „Hör auf zu schimpfen, du weißt selbst, was ich im Moment im Geschäft um die Ohren habe!" Dieser Negativkreislauf mußte aufhören.

Unsere Wut kann ein nützliches Instrument sein in unserem Leben, wenn wir sie verstehen lernen und erkennen, über was wir uns noch nicht im klaren sind, was unser Problem ist, was uns so wütend macht, und daraus konkrete Konsequenzen ziehen. Dazu ist oft Hilfe von außen nötig.

Das Aha-Erlebnis

Petra lernte erkennen, daß es ihre Unselbständigkeit und Unsicherheit war, von der sie durch Kurt hoffte, „erlöst“ zu werden. Sie lernte außerdem, daß wir niemals unseren Partner verändern können, sondern daß es um die eigene Wandlung und Reifung geht. Sie setzte jetzt ihre Energie und Phantasie dafür ein, wie sie an ihrer *eigenen* Situation etwas ändern könne.

Eigene Veränderung löst immer auch Ängste aus, so wie das Schwimmen über den Strom, dessen anderes Ufer noch weit weg ist. Die Gefahr, ans alte Ufer zurückzukehren, ist dann besonders groß, wenn die Umwelt diese Veränderung beargwöhnt, das alte Spiel aufrechterhalten will.

Dieser neue Weg war auch bei Petra nicht einfach. Immer wieder drohte sie, rückfällig zu werden, d. h. entweder resigniert zu schlucken oder Streit anzufangen mit bissigen Vorwürfen und Forderungen. Aber die Auswirkungen waren jedes Mal so frustrierend, daß ihr Wille, es anders zu machen, weiter wuchs.

Eines Tages lud sie Kurt zu einem Essen ins

Restaurant ein. Sie hatte einen neutralen Ort und freundlichen Rahmen gewählt, um mit ihm in Ruhe reden zu können. Sie begann damit, daß sie ihm versicherte, wie wichtig ihr ihre Ehe sei, und ihm darlegte, daß sie über sich und die Situation nachgedacht und neue Beschlüsse, Entschlüsse gefaßt habe: „Du, ich habe kapiert, daß ich dich für einiges verantwortlich gemacht und ziemlich viel an dir herumgenörgelt habe. Ich will für mich einstehen und sorgen lernen und dir sachlicher meine Vorstellungen und Konsequenzen unterbreiten. Ich habe z. B. jetzt einen Maler bestellt für das Bad, weil ich glaube, daß du tatsächlich im Moment keine Zeit dafür hast. Ich will dich nicht unter Druck setzen, aber ich möchte auch meine Belange verstehen und vertreten.“ Es wurde ein langes Gespräch zwischen ihnen.

Im Laufe der folgenden Zeit konnte Kurt sich nach anfänglicher Skepsis von einer neuen Selbständigkeit und Tonart bei seiner Frau überzeugen. Ganz allmählich zog er nach. Er lernte, eigene Fehler einzugestehen, vor allem zuzugeben, daß er sich im Grunde auch nach mehr Nähe und Verstehen sehnte. Es begann ein langer, aber gemeinsamer Weg des immer wieder neuen Suchens und Findens.

Was bringt es, ärgerlich zu werden?

Zurück zu unseren Fragen: Bringt es etwas, ärgerlich zu werden? Macht es nicht mehr kaputt? Ist mein Ärger überhaupt so wichtig und berechtigt?

Das Beispiel von Petra und Kurt kann für diese Fragen einiges veranschaulichen. Denn so originell sind diese beiden ja auch nicht. Wer hätte nicht sich selbst oder auch Freunde und Verwandte wiedererkennen können?

1. Nur Wut ablassen und der Wut freien Lauf lassen, bringt noch nichts. Im Gegenteil: Es kann alte eingespielte Muster festigen, z. B. schreien bzw. schmollen. Es geht nicht um fruchtlose Auseinandersetzungen, in denen beide Partner immer heftiger ihren Standpunkt vertreten – oder einer dem anderen seine Meinung „um die Ohren haut“. Dies bringt auch bei besten Argumentationen kein konstruktives Ergebnis.

   Wir müssen lernen, genauer wahrzunehmen, was eigentlich abläuft. Das braucht unsere Aufmerksamkeit und Zeit und Phantasie. Wir werden dabei lernen, die eigentlichen Ursachen unseres Ärgers herauszufinden: Was macht mich wirklich so ärgerlich, was ist das Problem? Ärger hat einen Grund – wo genau liegt er?
2. Verbitterter Rückzug ist Resignation und kein konstruktiver Weg. Natürlich gehört es auch zu unserer Reifung, mal schweigen zu können, mal Unrecht stehenzulassen, über etwas hinweggehen zu können. Das sollte aber nicht in resignativer Feindseligkeit geschehen.

   Ziel und Wunsch sollte sein: „Wir wollen uns die Ehre der Auseinandersetzung geben.“ So drückte es mal eine Äbtissin in einem Vortrag aus. Die Ehre der Auseinandersetzung sucht ein gemeinsames

Ziel, nicht das Rechthabenwollen. Und es bedeutet, den anderen und sich selbst dabei ernst zu nehmen.

3. Ich bin nicht aufgerufen, den anderen zu verändern, auch heimliche Beeinflussung wird scheitern. Der andere „spürt die Absicht und ist verstimmt". Statt dessen kann ich fragen: Was kann ich konkret zur Veränderung meiner bzw. unserer Situation tun? Welche Konsequenzen muß ich ziehen – welche Einstellung ändern?

Petra begann bei sich und erkannte ihre Bedürfnisse, für die sie nun selbst die Verantwortung übernahm. Dies brachte Luft in ihre Beziehung und Entscheidungsfreiheit für Kurt. Dieser gemeinsame Weg lohnt sich.

An dieser Stelle hörte ich häufig meine Gesprächspartner ungläubig fragen: Glauben Sie wirklich, daß sich da bei uns bzw. bei meinem Mann oder bei meiner Frau noch etwas ändern kann? Ich sage dann: Ja, wenn *Sie* wollen!

„Wasch mir den Pelz, aber mach mich nicht naß!"

Das Allerwichtigste, scheint mir, ist die Bereitschaft, der ausdrückliche Wunsch, etwas im eigenen Verhaltensmuster verstehen und verändern zu *wollen.* Ohne Leidensdruck wird das kaum einer wollen. Der Umgang mit der Wut, mit Aggressionen (passiv oder aktiv), hat etwas zu tun mit der eigenen Lebensgeschichte, mit eingefleischten Verhaltensmustern in uns.

Um etwas wirklich verändern zu wollen, sind neue Einsichten vonnöten. Ein Fragen nicht um der Frage willen, sondern um es im Herzen verstehen zu wollen: Woher kommt z. B. meine Trotzhaltung oder mein passiver Widerstand? Woher meine Aggressivität? Mit diesen Fragen treten wir eine „Reise nach innen“ an. Der dänische Theologe und Philosoph Sören Kierkegaard sagt: Die längste Reise ist die nach innen.

Bei vielen Menschen habe ich jedoch den Eindruck, sie möchten etwas verstehen, eventuell auch eine bessere Beziehung, wollen aber wenig oder gar nichts dafür aufgeben. Sie leben nach dem Motto: „Wasch mir den Pelz, aber mach mich nicht naß.“ Oder: „Wie kann ich in meinem Haus aufräumen, ohne daß Möbelstücke verstellt werden?“

Sehr viel Energie wird darauf verwendet, den anderen oder die Umstände zu verändern. Das ist ein unproduktives Unterfangen, da ich ja niemals den anderen, sondern immer nur mich und mein Verhalten selbst verändern kann. Deshalb möchte ich sehr dazu ermutigen, die Kraft für die eigene Bewußtwerdung und den eigenen Veränderungsprozeß einzusetzen. Dazu gehört jedoch Mut und Ehrlichkeit und eine gewisse Reife, d. h. die Fähigkeit, sich selbst in Frage zu stellen ohne die üblichen Rechtfertigungstendenzen. Es lohnt sich allemal, denn wenn einer etwas verändert, werden die Karten des Zusammenspiels neu gemischt. Es entstehen neue Möglichkeiten. Eine Klientin z. B. sagte mir im Gespräch: „Seitdem ich sicherer geworden bin und sachlicher rede, schreit mein Mann nicht mehr so viel.“

Möglicherweise ist so ein Prozeß auch ein Weg durch Enttäuschungen hindurch. Die Täuschung ist zu Ende – die Täuschung über mich selbst, meinen Partner, mein Kind, meine Schwiegermutter. Ich sehe mich und den anderen in neuem Licht, und das ist oft sehr schmerzhaft. Aber jeder echte Wandlungs- und Wachstumsprozeß beginnt mit dem Eingeständnis, dem Akzeptieren der Realität, der Dinge, so wie sie sind. Ich nehme die Wirklichkeit wahr: So steht es mit mir, meiner Partnerschaft, meiner Familie. Ganz einleuchtend und drastisch finden wir diese Einstellung bei den Anonymen Alkoholikern. In ihrem Zwölf-Punkte-Programm auf dem Weg zur Genesung enthält der erste und grundlegende Schritt eine Art Kapitulation, ein Zugeben der wirklichen Situation. Er lautet: „Ich gebe zu.“

„Ich will mich aufmachen ...“

Im Neuen Testament (Lukas 15) erleben wir ähnliches in der Gestalt des verlorenen Sohnes, von dem Jesus erzählt: Aller Illusionen beraubt über Freundschaft und Halt durch Geld und Geltung, konfrontiert mit seinen ureigensten Schwächen, erbarmungslos erniedrigt, abgesunken auf den Nullpunkt, beginnt seine Wende bei den Schweinen. Und wie heißt diese Wirklichkeit am Nullpunkt? „Ich habe gesündigt vor Gott und den Menschen. Ich will mich aufmachen und zum Vater gehen! Ich will aufhören, Menschen und Umstände verantwortlich zu machen für meinen Kummer, für mein aus der Balance geratenes Leben, mein Scheitern, für meine Wut, vielleicht für mein Trinken, Rauchen und Tabletten-Nehmen. Ich will aufhören, mich selbst als ohnmächtig, klein oder schuldfrei zu empfinden."

Ich will mich aufmachen – und zum Vater gehen. Das erste bedeutet meine Aktivität, meinen Entschluß, Grundsätzliches an meiner Situation zu verändern. Ich warte nicht, bis „es" sich ändert. Ich selbst ergreife die Initiative, bleibe nicht bei den „Schweinen" sitzen. Die Schweine sind hier ein Bild für eine demütigende und unwürdige Situation. Eine Klientin, Alkoholikerin, erzählte mir, daß sie nach zwei vergeblichen Entziehungskuren alkohol- und tablettenabhängig in die geschlossene Abteilung einer psychiatrischen Klinik eingeliefert wurde. Dort am tiefsten und aussichtslosesten Punkt ihres Lebens wußte sie plötzlich: „Entweder – oder! Ich will und ich werde es schaffen!" Und sie hat es geschafft.

Nach Hause kommen

Der zweite Teil des Satzes: „... und zum Vater gehen" enthält ein Nachhausekommen. Bei diesem eben beschriebenen Weg sind wir existentiell angewiesen auf eine Kraft außerhalb unserer Person und unabhängig von unseren eigenen Möglichkeiten. Der Vater ist in dieser und in unserer Geschichte der

Ursprung, zu dem wir zurückkehren können, eine Art Zuhause, das uns offensteht. Erst mit diesem inneren Nachhausekommen, der Versöhnung meiner Person, werde ich mich mit meiner Geschichte und meinen Mitmenschen versöhnen können. Das Fremdsein in mir und das Befremdetsein von meiner Umwelt kann in ein Nachhausekommen münden. Ich kann in Gott, in mir, Heimat finden, unabhängig von den Umständen.

Menschen, denen kein Leid widerfahren ist, oder Menschen, die gern ihre Probleme rationalisieren, weil sie ungern hinter die Kulissen schauen, werden diesen Reifungsprozeß in seinem tiefen Ausmaß nicht erfahren können. Barmherzig aber wird ein Mansch erst durch überwundene eigene Grenz- und Leiderfahrung. Daher sind mir die Menschen besonders nahe und hilfreich, denen ich die Ehrlichkeit und Kraft durchlebter Leiden und Schwierigkeiten abspüre.

Die geöffnete Tür beachten

Es ist ein Gesetz im Leben: Wenn sich eine Tür vor uns schließt, öffnet sich dafür eine andere – möglicherweise da, wo wir sie nicht suchten. Allerdings geschieht die Öffnung nicht immer sofort. Die Tragik ist jedoch, daß man nach der geschlossenen Türe blickt und die geöffnete nicht beachtet. Das sagt André Gide, ein französischer Dichter.

Türen schließen sich z. B. durch festgefahrene Beziehungen, durch Krankheit, durch existenzielle Notlagen.

Versuche haben gezeigt, daß alte Ratten klüger sind als wir Menschen. Nach dreimaligem Rennen in die verkehrte Richtung (z. B. beim Finden von Käse hinter einer Tür) wählen sie beim nächsten Mal den richtigen Weg. Wir Menschen dagegen setzen mehr Energien ein, unsere frustrierenden oder krankmachenden Verhaltensweisen aufrechtzuerhalten, als wir brauchen würden, um neue Türen zu suchen.

Es ist wahr: Alles Neue erfordert so etwas wie eine Geburt. Geburt hat mit Enge zu tun, mit Angst. Das Neue ist fremd, nur schwer vorzustellen, das alte Muster, die alte Situation dagegen schmerzt, ist aber vertraut.

Von der Symptom- zur Wurzelbehandlung

Im Neuen Testament (Epheser 4, 23) las ich einen Satz, der mich bewegte: „Im tiefsten Inneren unserer Gesinnung müssen wir erneuert werden." Das heißt, es geht nicht um eine kluge Methode, unsere Wut etwas besser zu kaschieren oder an den Mann bzw. an die Frau zu bringen. Es geht also nicht um Symptom-, sondern um Wurzelbehandlung.

In meinem tiefsten Inneren, das bedeutet in meinem Wesen, in meinem Eisberg! Wie aber soll ich den erkennen lernen? Von dem erfahre ich täglich etwas durch meine Mitmenschen: von meinem Sohn vielleicht, der sagt, ich sei beherrschend; von meiner Freundin, die sagt, ich sei überheblich. Bei jedem ist es etwas anderes. Die Frage, die wir zu stellen haben, lautet: Sollte es wahr sein, daß ich so oder so bin? Wir sollten darauf hören lernen, denn „nur über das Du erfährt der Mensch sich selbst“ (Martin Buber).

Die Ehre der ehrlichen Auseinandersetzung

Echte Liebe übersteht einen echten Zornesausbruch und einen klärenden Streit. Das Fehlen von aggressiven Tönen oder Handlungen ist ja nicht mit Frieden gleichzusetzen, eher mit einem Scheinfrieden. Gerechtigkeit schließt Macht ein, Liebe schließt Zorn ein und Friede die Auseinandersetzung.

Wie wäre es? Wagen wir es, uns die Ehre der ehrlichen Auseinandersetzung zu geben!

Fragen zur Selbstklärung

1. Mit wem würde ich mich gern (oder sollte ich mich) auseinandersetzen – und was hindert mich daran?
2. Was vermeide ich?
3. Neige ich zu Aggressionsgehemmtheit oder zu unkontrollierten Aggressionen?

Weitere Bücher aus den Blaukreuz-Verlagen Wuppertal und Bern

Ray Burwick

Du bist besser, als du denkst

Wege zu einem gesunden Selbstwertgefühl
2. Aufl., Pb., 136 S., Illustr., ca. DM 19,80 / öS 147,00 / sFr. 20,00

Viele Menschen finden keine Lebenserfüllung. Trotz gesicherter Verhältnisse sind sie am Ende. Die verborgenen Ursachen: ein verzerrtes Selbstbild und ein schwaches Selbstwertgefühl. Der Autor (selbst Betroffener) zeigt verläßliche Wege zu einem gesunden Selbstwertgefühl. Mit zahlreichen eindrucksvollen Fallbeispielen.

Tom Klaus

Wenn Vater zuviel trinkt

Neue Perspektiven für junge Leute und ihre Helfer
Paperb., 104 S., Illustr., ca. DM 19,80 / öS 147,00 / sFr. 20,00

Der Autor stammt selbst aus einer Alkoholikerfamilie. Er beschreibt anhand vieler Fallbeispiele die Regeln und Rollen, die in einer Alkoholikerfamilie unbewußt gelten. Für die betroffenen jungen Leute entfaltet er zahlreiche Verhaltensmöglichkeiten, die Heilung versprechen. Eine gute Orientierung auch für Angehörige und Helfer.

Hans Klein

Beratungsgespräche mit Angehörigen von Alkoholabhängigen

Wie Angehörige sinnvoll helfen können
3. Auflage, Pb., 128 S., ca. DM 19,80 / öS 147,00 / sFr. 20,00

Die Gesprächsausschnitte entspringen der Beraterpraxis des Autors und bieten Rat und Hilfe allen, die Alkoholabhängigen wirksam helfen wollen. Die wichtigsten Problemfelder gehen aus den Kapitelüberschriften und dem Stichwortverzeichnis hervor. Der Leser findet also gezielte, anwendbare Aussagen zu einer aktuellen Situation.

Weitere Bücher aus den Blaukreuz-Verlagen Wuppertal und Bern

Joachim Körkel

Rückfall muß keine Katastrophe sein

Ein Leitfaden für Abhängige und Angehörige
2. Aufl., Paperb., 104 S., ca. DM 19,80 / öS 147,00 / sFr. 20,00

Niemandem ist gedient, wenn Rückfälle Suchtkranker verschwiegen, bagatellisiert oder scharf geahndet werden. Hilfreich ist es statt dessen, den Rückfall mit Blick nach vorn zu bewältigen und Ansatzpunkte zu finden, um eine Wiederholung zu vermeiden. Dieser Leitfaden will Betroffenen und Angehörigen dazu praktische Wege zeigen.

Margaret J. Rinck

Können Christen zu sehr lieben?

Beziehungsabhängigkeit überwinden
TELOS-Pb. Nr. 1352, 176 S., ca. DM 21,80 / öS 161,00 / sFr. 22,00

Müssen Christen andere Menschen nicht genauso selbstlos lieben, wie Gott uns liebt? Viele Christen sind verunsichert. Sie glauben, sie müßten immer für andere da sein. Wer solche Beziehungen eingeht, steht in der Gefahr, beziehungsabhängig zu werden. Christliche Nächstenliebe ist davon sehr wohl zu unterscheiden! Die Autorin weist Merkmale der Selbstschädigung auf und bietet Hilfen an.

Arline Westmeier

Die verletzte Seele heilen

Gesundung durch Seelsorge
– mit Fallbeispielen und Illustrationen –
5. Auflage, Pb., 120 S., ca. DM 18,80 / öS 139,00 / sFr. 17,80

Viele Menschen haben seelische Verletzungen verdrängt. An zahlreichen Beispielen macht die Autorin deutlich: Es gibt Befreiung von der belastenden Vergangenheit. Ein evangelikales Magazin schreibt: „…meine Freundin ist Mitte 20 und ein durch und durch kaputter Typ. Ihre Meinung: Ein Buch, das Mut macht.“